illisibilité partielle

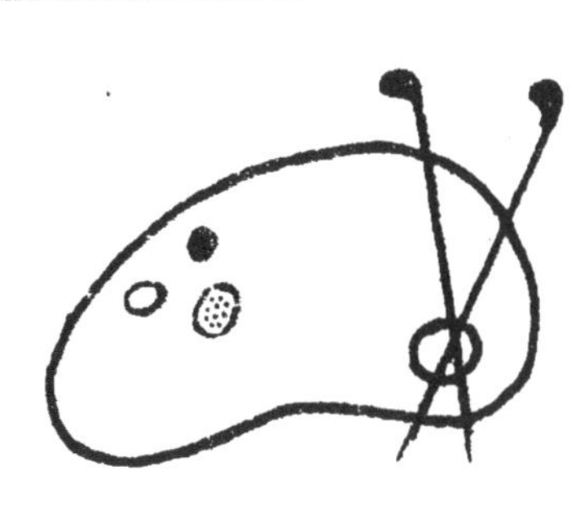

Couvertures supérieure et inférieure
en couleur

De la Configuration des Continents, de Karl Ritter

Revue Germanique   Novembre 1859

DE
LA CONFIGURATION DES CONTINENTS

SUR LA SURFACE DU GLOBE,

ET

DE LEURS FONCTIONS DANS L'HISTOIRE.

Mémoire par Carl Ritter [1].

Le Mémoire suivant où Ritter a résumé quelques-unes de ses idées générales, et qu'il désirait vivement présenter au public français, a été traduit sur sa demande et sous ses yeux. Il fut lu devant l'Académie des sciences de Berlin à l'occasion du 200e anniversaire de la naissance de Leibnitz. Depuis cette époque, de nombreuses découvertes, des faits géographiques très-importants et que Ritter n'eût pas manqué de discuter, sont venus à l'appui de sa théorie : nous aurions peut-être dû les indiquer en note et nous permettre en même temps d'élever respectueusement quelques doutes sur la valeur de certaines idées mystiques, mais nous avons préféré ne pas attenter à la majesté du texte.

Une courte notice biographique sur Carl Ritter a déjà paru dans la précédente livraison de la *Revue germanique :* nous n'y reviendrons pas. Qu'il nous suffise seulement de décrire en peu de mots l'apparence extérieure de ce noble vieillard, tel que nous l'avons connu pendant les dernières années de sa vie, tel que nous l'avons aimé. Il était de haute et forte taille, son front était vaste, sa figure puissamment sculptée comme celle de Gœthe, mais il avait de plus une extrême douceur dans le regard et dans le sourire. Il marchait d'un pas lent et

---

[1] Carl Ritter, *Ueber räumliche Anordnungen auf der Aussenseite des Erdballs, und ihre Functionen im Entwicklungsgange der Geschichte. — Zur Sitzungsfeier des Leibnitzischen Jahrestages.* — Berlin, Dümmler, 1850.

inégal et parfois s'arrêtait pour réfléchir; ses yeux, dirigés au loin comme s'ils rêvaient à l'Asie ou à l'Afrique lointaines, s'abaissaient rarement sur ceux auxquels il parlait; sa voix, retenue brusquement par une pensée, s'interrompait de temps en temps; on voyait dans chacun de ses mouvements qu'il était possédé par le démon de la science et, tout vieux et cassé qu'il fût, on sentait que pour l'étude il était jeune. Ses cours, d'une clarté merveilleuse, traitaient les sujets les plus grandioses dans un langage d'une simplicité presque enfantine. Il ne se croyait pas obligé, comme dans ses ouvrages, de tout dire; il omettait les relations commerciales, les détails statistiques oiseux, les longues digressions historiques ou biographiques, et se contentait d'indiquer simplement les grands faits. Et nous, ses élèves, nous l'écoutions non-seulement avec l'esprit, mais encore avec le cœur, tant il mettait de douceur et de grâce dans chacune de ses paroles; tant il mettait de bonté à nous donner des explications qu'il accompagnait d'encouragements affectueux, en nous posant sur l'épaule sa main paternelle. Du reste, comme tous les hommes grands par la bonté et par l'intelligence, il avait la naïveté d'un enfant, et son âme était trop pure pour jamais soupçonner le mensonge.

Et maintenant, comment rendre suffisamment hommage à l'audace héroïque avec laquelle il a tenté l'impossible? Seul, à un âge où la plupart des hommes ont déjà presque terminé leur vie et n'ont plus ni enthousiasme, ni idées, il n'a pas craint d'entreprendre une œuvre qu'une génération de savants oserait à peine essayer. Il entassait assise sur assise pour cet immense travail qu'il savait ne pouvoir achever; il bâtissait une tour de Babel qu'il savait ne pouvoir élever jusqu'au ciel; mais, sans défaillance, il continuait sa tâche et s'en remettait à l'humanité du soin de terminer son œuvre.

C'est lui qui a retiré la géographie de la misérable ornière des nomenclatures, qui nous a fait étudier avec le même esprit l'histoire de la terre et celle des astres, qui nous a enseigné comme un dogme immuable la vie de notre globe. Grâce à lui nous savons que les continents, les plateaux, les fleuves et les rivages se sont disposés, non pas au hasard, mais en vertu des lois du mouvement, lois éternelles qui font graviter les astres autour des astres, les continents et les mers autour d'un axe central.

E. RECLUS.

I.

Si nous jetons les yeux sur une sphère, ce diminutif si imparfait de notre planète, nous serons tout d'abord frappés de l'apparent désordre des terres et des mers qui s'entremêlent et s'entre-déchirent, sans que trace d'un ordre quelconque semble présider à leur contraste. Point de symétrie, point de figures géométriques, point de lignes droites continues; seul, un réseau de lignes abstraites empruntées au firmament nous sert de mesure provisoire pour ce qui est en soi incommensurable, les extrémités des deux pôles eux-mêmes n'étant que des points mathématiques déterminés par induction, et d'ailleurs parfai-

tement inconnus. Rien de cette régularité architectonique à laquelle
notre œil s'est habitué dans les œuvres humaines, rien non plus de
celle que nous révèlent les organismes des plantes et des animaux, nul
contraste de haut et de bas, de racine et de feuillage, ni côté gauche,
ni côté droit. Cet ensemble en apparence si confus dérouterait toute
recherche, si la nomenclature ne venait à notre aide dans une étude
si chaotique et stérile au premier aspect. — Par suite, on s'est beaucoup plus occupé des détails que de l'ensemble de la surface terrestre,
et l'on n'a pour s'en convaincre qu'à ouvrir nos manuels. La géographie est restée une nomenclature fatigante, et ne s'est pas encore élevée jusqu'à ces rapports généraux, jusqu'à ces lois fécondes qui élèvent
les sciences à la hauteur de l'unité première.

Bien que notre planète soit, dans sa grandeur imposante, tout autre
chose que ce globe artificiel dont l'échelle imparfaite et les faibles
linéaments ne peuvent indiquer les contours terrestres que par analogie, on a été obligé de lui emprunter telle quelle notre langue géographique, fort incomplète, qui aurait dû jaillir plutôt de la nature
elle-même que d'une de ces insignifiantes représentations.

Il existe une différence essentielle entre les œuvres de l'art et celles
de la nature. C'est que les premières sont dépourvues d'unité organique
et intérieure, et que leur structure est rude et grossière, ainsi que
nous le montre un examen attentif, et bien plus encore le microscope,
quelque parfaites, quelque achevées et régulières qu'elles puissent
d'abord sembler. Je parle ici du tissu le plus léger, d'un chef-d'œuvre
d'horlogerie, d'une plaque de marbre ou d'acier la plus finement
polie, je parle du tableau le mieux réussi. Tout au contraire, lorsqu'on
pénètre attentivement dans le chaos apparent des œuvres de la nature,
quelle harmonie, quelle délicate organisation ne voit-on pas se dégager
peu à peu du prétendu désordre dans les fins tissus de l'araignée, dans
l'admirable disposition des cellules de la plante, dans les lames ou
cristaux de ces molécules inorganiques invisibles à l'œil nu ! Toutefois,
ce n'est point dans la perfection matérielle, c'est dans la grandeur
intellectuelle et dans les fonctions de la nature qu'il faut chercher le
plus éclatant contraste entre l'apparence et la réalité, ainsi que nous le
montre l'observation, qui par la suite régulière des causes et des effets
a créé la chimie, la physique, l'optique, la mécanique et tant d'autres
sciences !

Ne sommes-nous pas en droit d'affirmer que ce contraste doit aussi
exister pour le plus grand des corps que nous connaissons, pour notre
terre elle-même, quelque incomplètes que soient nos notions à son

endroit? — Ces continents déchirés qui, *au* premier coup d'œil, égarant la pensée, semblent dus à une puissance aveugle et sauvage, seraient-ils donc l'œuvre du chaos, d'une dictature de Pluton ou de Neptune vaguement modifiée par le hasard? — Comment s'accorderait cette présomption avec l'histoire des plantes et des animaux, avec le développement, les phases et les péripéties diverses du genre humain? Comment s'accorderait-elle avec le principe par lequel nous considérons notre planète comme la grande maison d'éducation des générations humaines qui passent sur elle l'une après l'autre?

Si la plante cherche le terrain qui lui est propre, si, s'élevant avec grâce sur sa tige, elle se couronne de fleurs et de fruits, si chaque créature doit sous peine de mort se mouvoir dans le milieu qui l'a vue naître, est-ce que, pendant des milliers de siècles, des millions d'individus, glorieux épanouissement de notre race, auraient été claquemurés dans une habitation de hasard, issue du choc furieux des puissances de la nature, du conflit de l'eau et du feu, de la lutte des terres et des océans, de la guerre du froid et du chaud? Serions-nous enfin enchaînés à cette fatale demeure par une volonté arbitraire et sans but? Notre patrie ne serait-elle donc en aucun rapport avec nos besoins de développement, et ne verrions-nous en elle, malgré la richesse inépuisable et toujours nouvelle de sa surface, qu'une masse arrondie, qu'un corps inorganique dépourvu de lois, et coagulé dans ses parties élémentaires, qui du laboratoire des mondes aurait été lancé dans l'univers par une force irrésistible, et livré désormais à tous les hasards de l'avenir? Ainsi la force créatrice et la vie organique, magnifique apanage de toutes les autres créatures dès leur naissance, auraient été refusées au globe seul!

Mais assez de motifs nous engagent à ne pas mesurer l'éternité par le moment présent, à ne pas confondre l'effet avec la cause, ni les lois de la nature avec nos systèmes, qui ne créent rien du tout et ne sont que l'heureuse trouvaille de faits existant dès l'origine des choses, mais restés encore voilés et mystérieux. Les nébuleuses se transformant en mondes, le vent qui, soufflant du nord commence au midi, sont autant d'exemples entre mille qui nous interdisent de conclure d'un désordre et d'un pêle-mêle apparents à une confusion réelle.

En nous appuyant sur l'histoire et sur les sciences naturelles, nous reconnaîtrons dans l'ordonnance extérieure de notre planète une harmonie élevée et un rapport intime des parties qui semblaient jetées au hasard. Déjà la triangulation, la géodésie, l'hydrographie, la géologie, la météorologie et la physique ont fait faire de grands pas à la question;

l'histoire de l'humanité et celle des nations individuelles, l'histoire des trois séries organiques en rapport avec la climatologie l'avanceront encore plus.

Nous ne parlerons pas ici de la distribution suffisamment connue des trois enveloppes du globe, l'air, l'eau et la roche, et nous remarquerons seulement que les lois de l'espace et celles de la physique s'harmonisent parfaitement, l'eau occupant partout la place du milieu. Nous n'insisterons pas non plus sur ce fait que les masses continentales se groupent dans l'hémisphère nord par opposition aux masses maritimes de l'hémisphère sud; contraste qui a causé la prépondérance du nord sous le rapport du climat et sous celui des populations, dont le nombre et les relations mutuelles augmentent tous les jours, et qui échangent sans cesse leurs produits, leur expérience et leurs idées. Tout récemment encore, nous avons appris à connaître la différence qui existe entre les températures des deux hémisphères et les lois de leur climatique spéciale, selon les différentes saisons.

On n'ignore pas l'allongement des continents en forme de cônes dont le sommet regarde l'hémisphère antarctique, disposition à laquelle A. de Humboldt nous a déjà rendus attentifs. Nous rappellerons seulement que toutes les pointes sud des continents, même celles de l'hémisphère septentrional, sont plus articulées que les pointes nord, et par conséquent plus favorables aux développements de l'activité des peuples.

On a moins étudié le grand contraste entre l'hémisphère liquide du sud-ouest et l'hémisphère solide du nord-est, entre le monde des terres et celui des eaux, entre le côté maritime et le côté tellurique de notre planète. D'un côté, de grands océans où plongent les pointes des continents, où flottent quelques groupes d'îles; de l'autre côté, au contraire, des masses continentales assiégeant les mers et les enfermant dans des méditerranées. Au sud, la Nouvelle-Zélande, point central des eaux; aux antipodes de la Nouvelle-Zélande, les rivages de la mer du Nord, l'Angleterre surtout, que sa position insulaire, le mouvement des flots, les découpures de ses côtes, les bras de mer qui la relient aux autres contrées, avaient, dès l'origine, destinée à être la dominatrice des mers, comme elle est le centre de l'hémisphère solide.

Dans la partie continentale où la masse des terres forme un tout contigu, il y a maximum de solide; dans la partie maritime où ne s'élèvent que des îles dispersées, il y a maximum de liquide. Sur la grande ceinture de côtes qui sépare les deux éléments et entoure le globe entier en coupant diagonalement les degrés de longitude et de latitude, d'abord vers le nord-est, puis vers le sud-est, se trouve une zone de transition, étroite, mais richement découpée et articulée, qui égalise les contrastes par le changement journalier des vents de terre et de mer et beaucoup d'autres influences. C'est le long de cet anneau formé par les grandes rives continentales, qui traverse les deux hémisphères du nord et du sud et se penche vers le cercle extérieur des eaux, qu'émergent la côte orientale de l'Afrique, le sud et l'est de l'Asie, et la rive occidentale de l'Amérique. L'anneau reste ouvert du côté du sud antarctique où manquent les formations continentales; aussi ne peut-il y avoir entre ces espaces terrestres et maritimes aucun de ces échanges auxquels différents météores, les pluies, les courants côtiers, et certaines directions de vents et de flots doivent leur existence régulière.

Déjà l'on ne peut méconnaître une loi élevée dans ces dispositions linéaires grandioses et richement agencées, et l'on s'encourage à rechercher les conditions organiques de cette écorce terrestre qui, au premier abord, semblait déchiquetée au hasard. Toutefois, les sondages maritimes encore peu nombreux, et notre connaissance encore imparfaite des éléments et de la construction des continents, ne nous permettent pas de porter un jugement définitif sur la distribution si inégale des espaces terrestres et océaniques.

Pareil contraste entre la face tellurique et la face maritime du globe, se poursuivant à travers les zones de longitude et de latitude des deux hémisphères, devait amener une opposition incessante dans les climats, dans l'atmosphère, dans le monde des plantes et des animaux. Autant l'homme dépend de son milieu physique, autant la vie même et le mouvement des peuples devaient revêtir de formes différentes; autant les phénomènes de l'histoire en général et des civilisations particulières devaient se développer diversement.

Couvert de populations qui, pressées côte à côte, échangeaient forcément leurs produits, le système continental devait être le premier cultivé, tandis que le système maritime ne pouvait héberger que quelques peuplades que leur isolement maintenait dans la sauvagerie, jusqu'à ce que les progrès de la navigation vinssent les mettre en rapport avec une civilisation plus avancée. Les nations qui habitaient la ceinture de côtes entre les deux parties si contrastées du monde ont été particulièrement favorisées dans leurs progrès élémentaires par les impulsions variées de la nature, ainsi que le témoigne l'histoire des Éthiopiens de l'Érythrée, des Égyptiens, des Arabes, des Indous, des Chinois, des Indiens de l'ouest qui nous ont laissé les ruines aztèkes de la Californie, du Pérou et de Mexico : toutes nations qui diffèrent essentiellement de celles qui leur sont adossées.

Puisque nous avons parlé de centres et de grands cercles, de zones, d'hémisphères et de formes coniques, qu'on nous permette de faire observer que, dans notre milieu physique déjà, toutes ces expressions mathématiques ne désignant que de simples analogies, il doit à plus forte raison en être de même quand on les applique aux surfaces terrestres qui offrent de plus le contraste de l'élément solide et de l'élément liquide. Ainsi, qu'on ne s'étonne pas de nous voir employer dans la géographie les termes géométriques de rhomboèdre, de triangle, d'ovale, et que personne ne se trompe à leur sens seulement approximatif.

Mais dans l'ordonnance extérieure de notre planète, il ne faut pas remarquer seulement la prépondérance neptunienne du cercle des mers, mais encore le cercle de feu sans cesse en activité qui a distribué ses volcans sur une face de la terre, tandis que l'autre face en reste presque complétement dépourvue, sauf divers soulèvements produits par une action volcanique et quelques groupes isolés qui interrompent périodiquement leurs éruptions.

Un des premiers géognostes de notre siècle [1] a démontré l'existence de ce cercle des volcans actifs, qui s'arrondit autour du bassin de l'immense océan Pacifique du sud, et ne suit ainsi qu'en partie le grand cercle de la ceinture des côtes. Les deux cercles tombent l'un sur l'autre le long de l'Amérique occidentale et du nord de l'Asie, puis, vers le sud-est de ce continent, forment de longues rangées d'îles parallèles, jusqu'à ce qu'enfin le cercle de feu, divergeant tout à fait, s'enfonce vers le sud-est dans les profondeurs de la mer du Sud. Ce dernier ne forme donc pas de grand cercle sur la rondeur de la terre, mais simplement un anneau moins développé qui se confond partiellement avec la ceinture des côtes, et embrasse au sein du grand Océan oriental ces milliers d'îlots soulevés par la force intérieure, ces nombreux groupes d'îles basaltiques se dressant hors des eaux, reconnaissables par la même formation géologique, mais dont la force volcanique et l'activité sous-marine sont fort affaiblies. — Sur le bord occidental de l'Amérique, cet anneau se prolonge par la chaîne des Cordillères, longue de près de 1,000 lieues géographiques [2], sur laquelle A. de Humboldt a énuméré de cinquante à soixante cratères toujours en éruption, sans compter tant d'autres qui nous sont restés inconnus.

[1] Léopold de Buch.
[2] De 15 au degré.

Sur le côté occidental du grand Océan, cette série de volcans se divise en de nombreuses lignes parallèles, ainsi que l'a démontré L. de Buch, et se contourne par de longs groupes d'îles montagneuses vers les côtes de la Nouvelle-Hollande et de l'Asie orientale. Ces îles, dont les axes parallèles se dirigent toujours vers le nord-ouest, ont toutes le même aspect et la même conformation. Leur ligne, bifurquée vers les Moluques, s'étend sur 1,000 lieues de longueur, depuis les îles jumelles de la Nouvelle-Zélande jusqu'au nord des Philippines, et présente une rangée de quatre-vingts fournaises embrasées, qui toutes se dressent à la partie est des îles qu'elles secouent si violemment. Leur anneau se recourbe ensuite vers le nord, le long des archipels du Japon, des Kouriles, du Kamschatka, des îles Aléoutiennes et d'Unalaska, dont les cinquante volcans flamboient au-dessus des vagues de la mer Boréale, ou s'alignent sur le continent américain. Enfin le cercle se rattache au nord des Cordillères par le volcan de Saint-Élie, et son voisin, le gigantesque Cerro de Buen Tiempo. Ce n'était donc pas à tort que nous donnions à cette immense circonférence de plus de trois cents volcans enflammés le nom de Cercle de feu.

Cet anneau de volcans en éruption reste ouvert vers le sud, tandis que dans le nord polaire la séparation de l'ancien et du nouveau continent ne les a pas empêchés de se joindre sous la mer et malgré la mer. Les continents se rapprochant au détroit de Behring jusqu'à une distance de quelques lieues, cette circonstance pourrait nous faire admettre la contemporanéité d'origine des volcans sous-marins et continentaux. Cette idée semble confirmée par la grande lacune de 1,000 lieues géographiques, s'étendant de la pointe méridionale du cap Horn jusqu'à celle de la Tasmanie, où la ceinture volcanique s'arrête avec la forme continentale. Au sud de ces deux points extrêmes, une mer démesurée, où nagent quelques rares îlots, et où l'on s'étonne de voir jaillir si peu de formes insulaires hors de l'immensité des eaux, couvre de bien plus vastes espaces que l'Océan oriental, entouré de son prodigieux anneau volcanique. C'est à l'intérieur du cercle de feu que la grande zone équatoriale des îles inclinée sur l'écliptique, splendide voie lactée étoilant la mer azurée du Sud, se dirige à travers des groupes fourmillants des Philippines jusqu'à la solitaire île de Pâques.

Une autre ligne parallèle, mais bien plus faible, part du groupe du Japon et s'en va finir au volcan colossal des îles Sandwich. A toutes ces richesses de formes insulaires au milieu du cercle de volcans, l'océan du Sud n'oppose qu'une extrême pauvreté, bien connue des capitaines

de vaisseau. Le navigateur antarctique n'a pu, dans tout l'hémisphère
qui s'étend au sud de la grande lacune, découvrir que de simples
écueils isolés, à peine dignes du nom d'îles, tels que ceux d'Alexandre Ier
et de Paul Ier, sauf toutefois la terre de Victoria et sa crête de volcans
reconnus par James Ross. Dans l'immense espace de la mer du Sud
que James Weddell traversa en 1822, aucune terre ne fut signalée. De
même, dans la mer des Indes, entre l'ouest de la Nouvelle-Hollande et
le sud-est de l'Afrique, les écueils de Kerguelen, de Saint-Paul et
d'Amsterdam, méritent à peine une mention, et les îles jumelles de
Bourbon et de Maurice sont complétement isolées. Dans l'océan Atlantique, à part les récifs antarctiques de la terre de Sandwich et du
groupe des Shetland du sud, on ne trouve dans les latitudes africaines au sud de l'équateur que des îles extrêmement distantes l'une
de l'autre : la Trinité, Sainte-Hélène, l'Ascension, qui surgissent des
mers les plus profondes que l'on ait mesurées, car le premier sondage
de Ross donne 14,550 pieds anglais, c'est-à-dire la hauteur du Mont
Blanc, et le second indique la profondeur étonnante de 27,600 pieds[1].

C'est seulement au nord de l'équateur, aux antipodes des îles de la
mer du Sud, que des groupes volcaniques un peu plus nombreux s'élèvent au-dessus de la surface maritime : les Canaries, les Açores,
Faroër et l'Islande, qu'il vaut pourtant mieux compter au nombre des
îles du cercle polaire. C'était aussi l'opinion de James Ross, auquel
nous devons la découverte de la terre de Victoria : « A l'approche des
deux pôles, l'île de John-Mayen, au nord, et au sud, le volcan Erebus,
haut de 12,000 pieds, regagnent par leur activité et leurs formations
plutoniennes incessantes le terrain que de vastes mers ont fait perdre
aux continents. »

La force de soulèvement qui, en dehors du grand cercle de volcans,
ne se manifeste que par quelques centres d'éruption, rares, mais d'autant plus énergiques, émergeant du fond d'abîmes immenses, devait
se faire sentir autrefois avec une activité bien autrement puissante dans
le bassin tout entier de la mer du Sud. En effet, indépendamment des
îles que nous apercevons, d'autres encore invisibles, soulevées par
milliers, se sont approchées de la surface de l'eau sous forme de bas-
fonds, d'écueils, de récifs, et, pour peu que le mouvement des flots le
permette, elles servent de point d'appui aux superstructures d'immenses colonies de polypes et de madrépores. Mais aujourd'hui la force

[1] Depuis lors, le capitaine Denham prétend n'avoir pas trouvé le fond de la mer à
46,236 pieds. Le Gaouritchanka n'a que 29,450 pieds anglais, ou 8,836 mètres.

expansive de la vapeur souterraine semble, en se distribuant sur tous ces milliers de points, devenir impuissante à faire surgir du sein des flots ce continent sous-marin, dont l'étendue n'est pas encore déterminée par une suite de sondages assez complète.

Cette action s'appliquant à de vastes espaces et non plus seulement à des points isolés, se montre encore dans les soulèvements de l'ancien et du nouveau monde, qui entassent leurs plus hauts plateaux et leurs plus orgueilleuses montagnes autour de l'anneau volcanique, tandis que du côté opposé, vers l'intérieur du continent, les grandes plaines descendent dans l'océan Atlantique du nord et les vastes dépressions arctiques. La formation continentale contraste ainsi avec la grande formation insulaire, et toutes les deux servent de base à l'histoire du passé et à celle de l'avenir.

A l'ouest de la puissante rangée de volcans de l'Océanie, et dans leur proximité immédiate, s'étend le vaste et bas pays de la Nouvelle-Hollande, qui, dépourvu de tout volcan à nous connu, n'a pu être soulevé plus haut par la force défaillante. Même la Grande-Barrière (Great Barrier), si riche en coraux et en récifs dangereux, qui se dresse entre ce continent et l'île allongée de la Nouvelle-Guinée, n'a pu émerger de la mer, ou bien a été replongée dans les vagues.

Cette vaste dépression de tout un continent se continue aussi vers le nord, entre le golfe de Carpentaria et le sud-ouest de Malacca, le long de l'isthme de la Sonde, percé de si nombreux détroits. Au delà, les basses terres de l'Inde au delà du Gange, du Tonkin, de la Chine orientale, se prolongent jusqu'à la rencontre du plateau central asiatique, qui élève, vis-à-vis des volcans du Japon, l'infranchissable muraille des côtes escarpées de Leaostong et de la Corée.

Un phénomène analogue se montre dans les deux Amériques. Là aussi, toutes les grandes dépressions commencent immédiatement au delà des volcans des Cordillères et des plateaux élevés, étroits et allongés que cette chaîne porte sur ses épaules. Remarquable analogie! Pas plus que dans le continent australien, aucun volcan ne s'élève dans ces plaines immenses, dont la pente, comme celle des fleuves, descend du côté extérieur du cercle volcanique, identique ici avec la grande ceinture terrestre. Parsemées de quelques groupes de montagnes modestes, ces plaines s'abaissent et s'aplatissent, de terrasse en terrasse, jusqu'à l'Atlantique, tandis que le côté intérieur plonge dans le Pacifique par une pente escarpée.

Sans nous occuper davantage de cette analogie frappante entre les deux nouveaux mondes de l'Australie et de l'Amérique, entre leurs soulèvements et leurs dépressions par rapport au cercle de feu, qui des profondes fissures de son foyer insulaire et de son foyer continental transforme et révolutionne les terres environnantes, passons à l'ancien continent.

Là aussi, mêmes dépressions, modifiées seulement par l'articulation des presqu'îles méridionales, et par la bifurcation des deux anneaux, dont l'un, l'anneau volcanique, s'éloigne de l'Asie et se replie tout à coup vers le sud-est dans l'océan Pacifique, tandis que le grand cercle, gardant sa direction normale, suit les côtes de la Chine méridionale, traverse les deux Indes, l'Arabie, la pointe orientale de l'Éthiopie, et, se prolongeant en face de Madagascar, va se terminer au cap de Bonne-Espérance.

Il serait instructif d'étendre ici à l'ensemble du continent la formule qu'Alexandre de Humboldt a donnée pour le plateau en forme de rhomboèdre du centre de l'Asie, le phénomène particulier dont il parle se trouvant être une loi générale. La diagonale qui traverse du sud-ouest au nord-est ce plateau central et le divise en deux parties triangulaires, la Mongolie au nord-est et le Tibet au sud-est, est en même temps axe de soulèvement entre la plaine du nord-ouest et les puissants colosses qui se dressent au sud-est. Le plus grand renflement du sud-est s'élève dans le haut Tibet jusqu'à 14,000 pieds, et aux sommets de l'Himalaya on lui a trouvé une hauteur absolue de 20 et 25,000 pieds. La muraille escarpée qui domine les vastes plaines du sud de la Chine et des deux Indes paraît se dresser à de plus grandes hauteurs encore, les plus élevées du globe probablement. Des mesures directes ne démontrent pas encore cette supposition que, sans insister sur d'autres raisons, l'élévation toujours croissante des sommets de l'ouest à l'est rend très-probable. Ainsi le Kitchinjunga, en Sikim, auquel Hooker et le colonel Waygh ont, dans leur dernière évaluation, donné la hauteur de 26,438 pieds de Paris, s'élève encore plus haut que le Jayahir, le Dhawalaghiri et le Tchoumalari; et, tournés vers le sud-est, sans doute bien des frères géants se dressent à l'extrémité de l'Himalaya.

Au delà de l'axe diagonal du grand plateau central, là où la Mongolie s'abaisse vers le nord-ouest, l'ancien monde tout entier descend de terrasse en terrasse, comme par de vastes et spacieux degrés, jusqu'à la mer Glaciale, au nord de l'Europe et de la Sibérie.

La lisière méridionale du plateau de Gobi qui, au-dessus de Pékin, est de 8,000 pieds plus élevée que la surface de la mer, descend vers le nord-ouest, d'après le nivellement des académiciens russes, par des gradations successives de 5,000, 4,000, 3,400, 2,400 pieds, jusqu'au niveau du lac de Baïkal, élevé encore de 1,200 pieds, et plus bas encore jusqu'au lac de Dsaïsang, aux sources de l'Irtich, à 1,000 pieds de hauteur. Cette dépression s'abaisse peu à peu vers l'ouest jusqu'à l'enfoncement déjà mieux connu de la mer d'Aral et de la mer Caspienne (72 pieds 1/2). A Tobolsk, elle n'a plus que 100 pieds d'élévation au-dessus de la mer, et vient, au centre de l'hémisphère continental, aboutir aux vastes pays plats de l'Europe, situés entre la mer Noire, la Baltique et la mer Caspienne ; elle s'arrondit enfin autour du cercle arctique, où se montre la ressemblance la plus absolue entre les trois parties du monde, Asie, Europe, Amérique, qui assiégent ensemble le pôle nord.

La même loi qui soulève à pic les colossales montagnes tout autour de la grande ceinture des côtes, et déprime les continents dans la direction opposée, se répète dans les plateaux continus ou isolés qui accompagnent toujours le grand anneau : l'analogie des phénomènes nous fait conclure à celle des causes. L'axe de soulèvement du plateau central de l'Asie se trouve absolument dans la même direction que le renflement général du globe, et semble nous révéler la grande loi des soulèvements. — Observons que cette direction générale des plateaux ne se confond point avec celle des chaînes de montagnes qui lui est souvent diamétralement opposée, et dont le cours est indiqué par les déchirures des vallées. M. Élie de Beaumont a essayé de grouper systématiquement ces montagnes dans leur ordre géologique et chronologique.

Dans le plateau d'Iran, la haute muraille du Béloutchistan se dresse vers le sud-est aux environs de Kélat jusqu'à la hauteur considérable de 8,000 pieds, mais le plateau s'abaisse vers le nord-ouest et n'a plus, à Ispahan, que la moitié de cette hauteur, à Téhéran, que 3,700 pieds, à Kom que 2,000; plus loin, vers la Boukharie et la mer d'Aral, il descend encore plus rapidement, et tout à coup au sud de la mer Caspienne il se précipite au-dessous du niveau de l'Océan. Le plateau du Dekhan s'élève à 9,000 pieds dans le Nilgherri, près du cap Comorin, aux hauteurs du pays d'Utacamond, puis il descend par Mysore, Malwa, Mewar, jusqu'au Vindhyam et aux basses terres du Scinde, qui, vers le nord, s'arrêtent enfin à la barrière de l'Himalaya.

Dans le Netched (pays élevé) c'est également à l'angle sud-est d'Hadramaut, d'Oman et du Yémen, que le sol de l'Arabie atteint sa plus haute élévation (les monts de l'Encens à Makalla, 5,000 pieds, Djebel-Achdar, dans le pays d'Oman, 6,000 pieds, Djebel-Faés,

7,000 pieds, d'après Botta); mais à Sanaa, plus au nord, il compte tout au plus 4,000 pieds de hauteur; aux environs de la Mecque, à Taïf, 3,000 pieds, et vers la côte du golfe Persique, à Bahraïn, dans l'Assyrie, les plaines du Schat-el-Arab et de la Mésopotamie, la surface du pays tout entier n'est plus qu'une vaste dépression.

Le groupe du Sinaï lui-même suit la loi générale, bien qu'il s'élève sur une langue de terre qui s'avance dans la mer Rouge, et que son plateau septentrional soit à peine indiqué. Lui aussi dirige vers la mer Rouge son côté le plus haut et le plus escarpé. C'est ainsi que, toute proportion gardée, le grand soulèvement des plateaux de l'Afrique monte du côté de l'océan Indien au maximum de son élévation : dans les montagnes Neigeuses jusqu'à 10,000 pieds; au sud de l'équateur, près des sources de l'Orange, à 6,000 pieds au moins; à l'ouest de Monbaze, jusqu'à la hauteur des montagnes Neigeuses, d'après la récente découverte de Rebmann. Dans le haut Habesch, le plateau de Choa, aux environs de l'Angololla, se hausse, d'après Harris, jusqu'à 9 et 10,000 pieds; à Gondar, d'après Ruppel, dans l'Habesch du nord, à 7,000; à 13,000 pieds dans le Schamen. L'Afrique, comme on sait, s'incline vers le désert de Sahara et la profonde déchirure où coule le Nil, jusqu'à cette vaste dépression dont fait partie le bassin de la Méditerranée, et où viennent déboucher les vastes plaines de l'Europe orientale et de la mer Noire. A leur tour, les dépressions de l'Europe centrale vont aboutir dans la Baltique et la mer du Nord.

Seul, le système des montagnes parallèles au méridien interrompt cet affaissement général au nord-ouest des continents. Trois grandes chaînes, l'Oural, les Alpes scandinaves et les Alléghanys découpent les plaines du Nord en vastes territoires dont quelques-uns sont couverts de lacs. Les chaînes isolées, courant de l'est à l'ouest comme le Caucase, les Carpathes, les Alpes, les Pyrénées, se sont développées d'une manière plus indépendante du compacte organisme continental et forment, surtout à l'ouest si dentelé de l'ancien monde, des systèmes individuels qui sont le caractère distinctif de l'Europe.

Nous n'avons indiqué ces cinq ou six dispositions, les plus remarquables de la géographie physique, que comme des faits particuliers surgissant au milieu de phénomènes plus généraux, sans rien dire de leur origine possible ni de leurs conséquences probables.

Dans la partie du monde que nous habitons, nous voyons par exemple comment la grande famille Aryenne, après s'être relativement peu dispersée dans les articulations continentales, a été, par la pente naturelle des fleuves, conduite au théâtre le plus accessible et le

plus favorable à son activité. Les rives de la Méditerranée devaient être
la terre classique de l'histoire universelle ; c'est là que devaient déboucher tous les chemins des nations, comme des fleuves dans un bassin
commun. Ces vastes dépressions, s'étendant sous une même température d'un bord à l'autre de l'ancien monde, de l'est à l'ouest (non pas
du nord au sud comme en Amérique), ne pouvaient que faciliter les
unions des peuples et les échanges de toute espèce. Mais la muraille
inexpugnable des hauts plateaux resta un obstacle, parfois infranchissable, et porta plus de tort aux progrès des peuples que la plus haute
et la plus enchevêtrée des chaînes de montagnes qui s'élèvent au
centre des dépressions.

Nous tenions seulement à faire remarquer sous ce désordre apparent les traces d'une symétrie et d'une harmonie plus élevées que
celles que découvrirait du premier coup un œil peu exercé. Mais ce
n'est que par une étude plus approfondie qu'il est possible d'embrasser
cette vaste richesse de la nature, qui se cache dans cette foule de
détails, de particularités, d'individualités locales, et dans cet écheveau
de lignes qui se coupent et se traversent. — Et il ne s'agit ici que de
simples linéaments et des contours les plus tranchés, qui peuvent à
leur tour être modifiés par d'autres formes plus délicates ; nous n'étu-
dions que les lignes les plus élémentaires de ce réseau qui couvre le
monde !

II.

Passons maintenant à la configuration des différentes parties du
monde ou individualités planétaires qui, sous l'influence des lois
générales, et animées d'une force plastique particulière, se sont développées si diversement. Ce que nous avons appelé harmonie par rapport à la marche de l'humanité et au développement de la vie planétaire, en jaillira peut-être avec plus de clarté.

L'opposition devenue historique de l'Orient et de l'Occident prouve
déjà que la position réciproque des parties du monde et leur situation
fixe, en contraste avec la place toujours changeante de notre planète
dans le système solaire, doivent exercer conjointement avec la rota-
tion du globe une influence prépondérante sur le développement
humain. — Cette idée était dans la conscience des peuples, qui, longtemps avant notre division en parties du monde, parlaient du levant
et du couchant, du septentrion glacial, pays des Hyperboréens, et du
sud, l'Éthiopie embrasée.

De même que nous passons de l'espérance à la réalisation, et que du matin au soir nous traversons les chaleurs du midi pour tomber dans l'obscurité de la nuit comparable à celle du pôle, ainsi l'Asie peut nous représenter l'Orient, l'Europe, l'Occident, et l'Afrique le Midi ; d'un autre côté, l'ancien monde tout entier pourra être l'Orient par opposition à l'Amérique. C'est en Orient que nous voyons réunis les temps anciens et les temps modernes, la haute antiquité et l'histoire contemporaine, le passé, le présent et l'avenir ; nous y voyons l'origine des peuples et les progrès de leur histoire et de leur civilisation. C'est en Occident que la vie des États se développe, et que le cercle intellectuel grandit et se transforme. Tous ces faits nous apparaissent en relation directe de cause et d'effet avec la disposition des masses continentales. Même la halte des peuples dans le Soudan brûlé, où l'esprit s'alanguit tandis que la race pullule ; même le long sommeil des rares habitants du Nord obscur et froid, sont en parfaite harmonie avec la nature ; et ces contrastes subsisteront tant que la société n'aura pas vaincu complétement les barrières et les forces hostiles que nous oppose la nature : et tant qu'elle ne se sera pas dégagée des chaînes du passé qui l'attachent à la glèbe natale. Nous avons le droit d'y songer, aujourd'hui que la navigation a triomphé de la solitude et de l'immensité des mers, aujourd'hui que la vapeur, en égalisant les distances, transporte produits et habitants d'une partie du monde dans l'autre.

Ces contrastes n'ont pas échappé aux nations du véritable orient de l'ancien monde, ainsi que le prouvent le Si-Yu (occident des Chinois), et les Para et Aspara du monde sanscrit. Chez les Chaldéens, les dieux Vannes, chez les Indous, Brama, s'étaient élevés hors des mers, ainsi que le soleil jaillissant à l'orient. Les mêmes contrastes se répétaient plus loin vers l'occident, et le Grec a vu son Anatolie dans l'Asie Mineure et son Hespérie en Italie. A son tour, le Romain, l'œil tourné vers le même orient, reculait les bornes de l'Hespérie, et la reportait aux côtes atlantiques de l'Espagne, et dans les îles Fortunées qui sont plus tard devenues l'El Magreb des Arabes. Pour l'Européen, l'occident est transporté au nouveau monde, mais ces antiques rapports d'espace perdront désormais leur signification pour des peuples que l'histoire rapproche incessamment. Le pays des Éthiopiens brûlés par le soleil, la contrée des Hyperboréens des temps homériques n'existent plus pour nous ; la Lybie éthiopienne est devenue pour nous une vaste partie du monde ; et c'est à peine si l'Hindou parle encore du pays boréal d'Uttara Kuru. — Ces contrastes réels en eux-mêmes se transforment en simples rapports de position, et la civilisation amoindrit sensiblement l'influence des espaces; aussi faut-il traiter différemment la géographie des temps anciens et des temps modernes.

La juxtaposition des parties du globe exercera toujours une influence importante, mais les différences si tranchées autrefois sont atténuées et transformées par le progrès des temps et de la navigation maritime. Le sol classique de l'histoire universelle où se groupent les trois parties du continent et où rayonnent tant de fleuves, de l'Indus au Tibre et du Nil à l'Orange et au Tanaïs, restera toujours le centre de l'humanité, qui a grandi dans ce berceau pendant de longs siècles et y a puisé les germes créateurs de l'avenir; mais la civilisation enlève à certains espaces leur influence dominatrice et la reporte sur d'autres.

Chaque pays est doué d'un certain tempérament, de certaines qualités actives et passives, d'une véritable individualité en un mot, que nous ne parviendrons à bien connaître que par la succession des siècles. Seules, quelques histoires nationales ont livré le secret de leur développement; car ce n'est qu'à une distance de plusieurs siècles que les progrès nous deviennent manifestes; et les profondeurs de l'âme devaient se révéler à notre intelligence avant que les yeux de l'homme, voyageur passager sur la terre, n'eussent sondé les mystères de notre planète.

Dans le passé, l'invention des navires à voiles nous a mis à même de connaître la direction des vents et des courants; l'étude des ports nous a appris la théorie du flux et du reflux; la navigation nous a dévoilé la nature des mers et leurs fonctions, et nous a fait découvrir par tous les pays du monde des produits en foule. Et cependant, la plus grande partie de la surface terrestre nous est encore inconnue. L'histoire des éléments qui constituent l'écorce du globe nous préoccupe encore; aujourd'hui seulement les rapports géognostiques du globe jaillissent des ténèbres; et qui peut dire l'influence qu'exerceront les inépuisables gisements de houilles et de métaux, les colonies et les émigrations en tant de localités encore vierges d'histoire, en tant de pays où la semence de la civilisation n'a encore produit que de maigres récoltes, et où l'esprit n'a pas fait jaillir du sol des étincelles de vie et de chaleur.

Les lignes de canaux et chemins de fer, entreprises sur une échelle colossale, ont ouvert une ère nouvelle pour les pays de plaine. Le percement de l'isthme de Suez rapprocherait le monde indien du midi de l'Europe, et le canal de Panama diminuerait d'un quart la circonférence terrestre, en abrégeant la traversée d'Europe en Chine de 1,500 lieues géographiques. La vapeur a donné une double direction en amont et en aval non-seulement aux rivières de nos pays, mais encore aux immenses systèmes des fleuves les plus lointains; au Gange et au Mississipi, par exemple. Plus de 350[1] bateaux à vapeur se croisent chaque jour comme des navettes de tisserand sur le vaste réseau liquide de ce dernier fleuve. Une flotte de 50 vaisseaux[2] a déjà acquis à la civilisation le vaste groupe autrefois si solitaire et désolé des eaux de l'Amérique du Nord qui, du lac Supérieur au lac Érié correspondent à la moitié de notre Méditerranée. Impossible de prévoir ce qu'y prépare l'avenir.

Ainsi nous ne saurions refuser aux diverses formes de l'écorce planétaire une tendance au progrès, au développement de leur organisme, pourvu toutefois que l'histoire s'harmonise avec la nature. Tâchons maintenant de distinguer dans cette ordonnance extérieure des parties du monde comment chacune développe ou arrête le progrès, et indiquons en passant le caractère saillant de leur influence sur le monde.

De précédentes explications sur les dimensions horizontales des parties du monde nous permettent de ne pas nous étendre sur ce chapitre. Qu'il nous suffise de rappeler que les formes différentes des trois parties de l'ancien continent, l'ovale de l'Afrique, le rhomboèdre de l'Asie et le triangle de l'Europe, impliquent aussi trois rapports différents entre leurs dimensions. A l'Afrique, si compacte, qui compte autant de degrés de longitude que de latitude, s'oppose l'Europe qui, sur une longueur double ou triple de sa largeur, présente à l'océan Atlantique la pointe d'un triangle dont la base repose sur l'Asie.

L'Afrique est un tronc massif et régulier, sans articulation aucune.

L'Asie, avec un corps aussi puissant, mais non aussi régulièrement développé que celui de l'Afrique, est douée de fortes et riches articulations au sud et à l'orient.

Quant à l'Europe, sa masse ouverte de tous les côtés est articulée au sud, à l'ouest et au nord, et à son intérieur, de nombreux rameaux dont la richesse naturelle supérieure à celle de leur tronc commun devait assurer à cette partie du monde la prépondérance civilisatrice. L'Asie n'est pas comme l'Europe ouverte à l'Océan dans toutes les directions, et le milieu de ce continent est resté fermé aux entailles maritimes, qui, si avant qu'elles aient pénétré, n'ont pas pu, comme en Europe, y harmoniser les contrastes de mers et de pentes opposées. Ainsi l'immense Asie centrale, analogue en cela à la massive et compacte Afrique, n'a pu participer aux inappréciables avantages

[1] Aujourd'hui plus de 750.
[2] Aujourd'hui 150.

que lui auraient donnés les articulations prolongées des côtes. C'est au
sud de cette partie du monde que les côtes prennent le plus vaste
développement, tandis que dans le nord la délimitation est à peine
indiquée entre les glaces et la terre ferme. Ainsi privilège d'un côté,
infériorité de l'autre. Bien que certaines de ses articulations appro-
chent en grandeur de la moitié de l'Europe, leur ensemble le cède
beaucoup en surface à celle du tronc compact dont la masse a servi
de barrière aux civilisations qui grandissaient à ses extrémités, mais
restaient dans l'isolement. Aussi le milieu du tronc asiatique est resté
la patrie monotone des peuples nomades; tandis que dans les péninsules si richement favorisées de la nature, la Chine, les deux Indes,
l'Arabie, l'Asie Mineure et autres pays moins vastes, se dévelop-
paient des civilisations individuelles, incapables encore de pénétrer
jusqu'au centre de l'Asie.

Aucun accident aux contours de l'Afrique, qui offre un développement de côtes moindre que toute autre partie du monde; cette disposition éloigne le plus possible l'intérieur des terres du contact vivifiant
de l'Océan. Toute individualité de pays ou de nation a été ainsi refusée
à cette masse uniforme dont toutes les extrémités également distantes
du centre sont soumises à peu près à la même chaleur tropicale.

L'Afrique nous représente le vrai sud de la terre, elle est en quelque
sorte développée en puissance tropicale; elle est malheureusement
restée partout identique à elle-même, et n'a pu être vivifiée par
aucune variété ni par aucun contraste. Aussi le patriarcat s'y est con-
servé sans contact avec les progrès de l'histoire, et des siècles semblent
s'interposer entre l'Afrique et son avenir encore mystérieux. Seuls,
quelques développements généraux apparaissent dans ce vaste pays
sacré à l'immobilisme, mais les progrès individuels y restent inconnus, qu'il s'agisse de plantes, d'animaux, de peuplades ou même
d'hommes isolés. — Partout l'on voit, également distribués aux quatre
points cardinaux, les palmiers, le chameau, l'autruche, etc.; presque
partout la race dominante des nègres, répandue en masse compacte
comme le pays lui-même. Tout progrès y est commun, à peine sen-
sible, sans individualité apparente de civilisation, de politique, ni
même de langue; car tous les dialectes nègres sont issus d'une souche
commune. Si quelques progrès se montrent isolément sur quelques
étroites bandes de côtes, c'est qu'ils proviennent de civilisations
étrangères.

L'Asie nous offre un tout autre spectacle par le développement riche,
bien que partiel, de ses côtes et de ses articulations fortement indivi-

dualisées. Chacune d'elles séparée des autres par une ligne de démar-
cation, et rapprochée en même temps par les relations maritimes, a
reçu de la nature une dot différente en plaines et montagnes, en cours
d'eau, en souffles de vents, en produits divers. Leurs peuples se carac-
térisent également par des individualités saillantes, et de vifs contrastes
distinguent le Chinois et le Malais, l'Hindou, le Persan, l'Arabe et l'ha-
bitant de l'Asie Mineure. Et pris ensemble, ils diffèrent essentiellement
d'avec les nations du centre encore fermé de ce grand corps asiatique;
leurs civilisations n'ont pu pénétrer jusqu'au nord de l'Asie, ni même
jusqu'à ces tribus nomades qui, sous le nom de Mogols, Turcs, Kirghiz,
Buckhares et Kalmouks, mènent encore la vie uniforme que leurs
ancêtres menaient il y a des siècles déjà, au milieu de leurs steppes
immenses. C'est que malgré tout leur éclat grandiose et leur vaste
extension, il a manqué à ces civilisations l'harmonie et l'unité d'un
progrès accompli en commun. Tout a concouru à élargir le fossé et à
hausser la barrière qui séparent ces nations : les énormes distances,
les vastes forêts, les hautes montagnes, les formes colossales de la
nature dont le regard de l'homme n'est pas encore parvenu à se rendre
compte, les contrastes climatiques, la différence des produits, dont
l'abondance luxuriante dispense l'homme de recourir à de pénibles et
lointains échanges. — De l'équateur à la zone polaire, de la Chine au
Levant, à travers l'immense longueur et l'immense largeur de l'Asie,
ce ne sont qu'oppositions tranchées et différences éclatantes. Comme
exemple de ces diversités, citons le cocotier, le palmier sagou, le tigre
à l'est; le dattier et le lion à l'occident; au nord, le renne, la végéta-
tion des mousses et des conifères; au midi, l'arbre à pain, la canne à
sucre, le pisang aux larges feuilles, l'éléphant, le rhinocéros, le tapir
et les singes.

Cette richesse de produits cadre parfaitement avec cette diversité de
peuples, qui ne s'est pas épuisée malgré le départ de hordes entières
lors des grandes migrations à différentes époques du monde. L'Asie
est restée riche en peuplades et en races aborigènes parfaitement dis-
tinctes de stature, de visage, de couleur, de vêtements, d'habitudes,
de nationalité, d'institutions politiques, morales, religieuses et sociales,
de formes de langage, etc. Et si l'on remonte aux origines de l'histoire,
on se convainc aisément qu'aucune des parties du monde n'offre la
moindre analogie avec l'Asie, organisée dès le principe pour recevoir
les premiers pas de l'humanité encore enfant.

L'Europe est le large prolongement de l'Asie centrale, mais plus elle
s'avance vers l'ouest, plus elle se développe d'une manière indépen-

dante; elle dépasse relativement sa voisine de l'Orient en richesse d'articulations et de chaînes de montagnes qui n'empêchent ni par leur hauteur, ni par leur étendue, aucune de ces parties différentes de communiquer entre elles. C'est ainsi que ce corps ouvert de tous les côtés, et prédestiné par sa configuration même à son caractère civilisateur, a suivi un développement égal et régulier, et que l'harmonie de la forme triomphant des forces de la matière a donné à la petite Europe la prépondérance sur les grands continents. Étendue à travers trois zones, la vaste et riche Asie pouvait, sans s'appauvrir elle-même, inonder les contrées voisines de ses trésors et de ses productions. Plus facile à embrasser du regard, restreinte à la zone tempérée, mais riche en heureuses formes continentales réagissant l'une sur l'autre, l'Europe, bien qu'elle n'ait ni les extrêmes, ni la profusion de l'Asie, est on ne peut mieux disposée pour la réception des éléments étrangers; et l'énergie de ses habitants mettant en œuvre la nature de son sol et tous les matériaux disponibles, on l'a vue s'élever peu à peu à une civilisation intime et harmonique qui semble destinée à entraîner avec elle la terre entière.

Cette richesse infinie de formes, de développements individuels et généraux, qui fait la gloire et le bonheur de l'Europe, tout le monde la connaît par l'histoire, mais presque personne ne semble avoir observé que les conditions de ce développement étaient, dès l'origine des temps, tracées en caractères éblouissants dans sa géographie physique. Nous ne pouvons donc revendiquer qu'en partie le mérite de notre civilisation. Pour abréger, nous ne ferons ressortir ici que trois des traits caractéristiques de la configuration de l'Europe : le développement de ses côtes, ses articulations septentrionales et ses îles.

Relativement à son axe, le pourtour des côtes de l'Europe est plus grand que celui de toute autre partie du monde. L'Asie a, il est vrai, 7,000 lieues géographiques de tour, mais elle est cinq fois plus grande que l'Europe. Trois fois plus grande, l'Afrique a 3,400 lieues de côtes contre 5,400 possédées par l'Europe, ce dernier chiffre représentant la longueur du plus grand cercle équatorial. Bien que placée au milieu de la masse solide de la terre, l'Europe, qui doit ses articulations nombreuses aux mers qui l'embrassent de tous côtés, se trouve plus qu'aucune autre partie de l'ancien continent en contact avec le monde des eaux. Elle est également favorisée par les courants océaniques et atmosphériques, par une immense richesse de ports et de baies, conséquence de ses articulations; toutes choses qui devaient lui donner l'empire des mers et par suite l'empire du monde.

La Grèce, la plus belle individualité de l'ancien monde, pouvait, à l'époque de sa grandeur, réclamer le titre de dominatrice d'une partie de la Méditerranée. Aujourd'hui le groupe des îles Britanniques, le plus découpé et le plus riche en ports de l'Europe, s'est distingué entre toutes les nations. Les mers intérieures du Nord et de la Baltique, ainsi que la mer Blanche qui pénètre si avant dans les terres, assurent au nord de l'Europe, et surtout aux îles et à la presqu'île scandinave, un développement presque aussi riche qu'aux trois péninsules si belles et si luxuriantes du midi, la Grèce, l'Italie et l'Espagne. C'est au monde scandinave à son tour que le nord de l'Europe doit sa prépondérance sur les contrées voisines de l'Asie, les vastes steppes sibériennes, solitudes complétement dépourvues d'articulations, séparées du riche midi de l'Asie, et placées d'une manière doublement défavorable entre le pôle et le plateau central des peuples nomades; elles attendent du nord-est de l'Europe le progrès et la civilisation qu'elles demanderaient vainement à leur propre initiative.

Enfin, le système insulaire de l'Europe se distingue avantageusement parmi tous les autres. Ses côtes et ses îles entourent le continent comme des satellites, et lui servent de stations, de prolongements océaniques. D'une grandeur importante relativement à la surface du tronc et des péninsules, elles offrent à leurs nombreuses populations un sol et une configuration très-favorables au commerce et à l'industrie. Car elles ne sont pas de simples fragments insulaires, de longues rangées de rocs océaniques ou bien de pics stériles et inabordables; l'Angleterre est le complément logique et naturel du nord de la France, la Sicile répète la Calabre, Candie la Morée, et ainsi de suite. Qu'on efface de la carte le groupe des îles Britanniques, et soudain quel appauvrissement dans l'histoire continentale et maritime! Sans les îles de Seeland et de Fionie, la péninsule du Jutland ne serait qu'un simple promontoire de sable! Que seraient devenues l'histoire ancienne de Rome et d'Italie sans le grenier de la Sicile? Ne sont-ce pas les îles de l'Archipel, Crète et le groupe de la mer Ionienne, qui ont servi de culées au pont civilisateur jeté entre l'Asie, la Grèce et l'Italie?

Nous ne nous occuperons pas ici des conséquences du manque complet d'îles le long des côtes africaines, car la grande île de Madagascar est trop séparée du continent par les courants maritimes pour ne pas être déjà une île océanique. Nous n'entrerons pas davantage dans les détails de ce vaste fourmillement des îles Malaises au sud-est de l'Asie, ce groupe indo-austral de la Sonde, le plus grand de la planète et le plus riche en individualités, couvrant un triangle aussi vaste que l'Eu-

rope et, par sa longue rangée des petites îles de la Sonde, réunissant
deux continents par un isthme interrompu, assez semblable à l'isthme
continu de Panama entre les deux Amériques. Remarquons seulement
que cette masse innombrable d'îles, si grandes et si fertiles, de la
Polynésie et de la Sonde, forme à vrai dire une partie du monde véri-
tablement indépendante, qu'habite la race particulière des Malais. Nous
ne pouvons en effet considérer ces îles comme des membres détachés
du continent voisin, enrichi déjà par d'autres îles aussi rapprochées et
plus dépendantes qu'elles.

La remarque faite par Strabon, à l'occasion de la Sicile, que les
articulations continentales, mais surtout les îles, étaient les parties du
monde les plus richement douées, se confirme complétement depuis
Ceylan jusqu'à la nouvelle Guinée, et chaque île de la zone équatoriale nous apparaît comme un individu géographique doué de richesses
et de qualités différentes. Ceylan est le pays des éléphants blancs, des
perles, des rubis, des forêts de cinnamome. Sumatra nous montre
les plus colossales formes d'animaux : rhinocéros, tapirs, orangs-
outangs; elle produit aussi des matières colorantes, et les bois les plus
précieux. Bornéo est le pays de l'or et des diamants, Banca est fertile
en cannelle; Java, qu'aux temps de Ptolémée on appelait déjà l'île de
l'Orge, produit les céréales les plus diverses, l'arbre à pain, la canne
à sucre. Une espèce particulière d'épices croît dans chacune des îles
qu'on rencontre de Bornéo aux fameuses Moluques, et à la Nouvelle
Guinée, où le vrai camphrier, le palmier sagou, le palmiste si rempli
de sucs nutritifs, l'oiseau de paradis, et tant d'autres nobles productions des séries minérale, végétale et animale ont trouvé leur patrie,
parfaitement délimitée dans l'origine, et sans contact avec l'Asie continentale. Cette partie du monde où l'union intime des mers, des terres
et de la chaleur tropicale élève la vie planétaire à sa plus haute puissance, aurait été le point de départ de la civilisation, si les peuples
avaient pu choisir leur origine, et si la loi intellectuelle n'était autre
que la loi de la nature physique.

En effet, si pareille division insulaire, sans aucune espèce d'union
avec le continent, était devenue le principe de la fédération terrestre,
si, par exemple, le continent européen, avec sa surface de 150,000
lieues géographiques, eût été partagé en quinze grandes îles de la grandeur de l'Espagne ou de l'Anatolie, comme Sumatra, Bornéo, et Célè-
bes, les nations se seraient trouvées sans aucune espèce de rapports
entre elles. Au contraire, dans la configuration actuelle de l'Europe,
nous trouvons le contact le plus favorable, l'égalisation la plus parfaite

des formes tellurique et liquide se pénétrant l'une l'autre, sans les
désavantages d'échancrures trop prononcées ou de déchirements sem-
blables à ceux de la Sonde, où se montre le contraste le plus tranché
avec le manque absolu d'articulations. Ainsi le morcellement de l'écorce
planétaire dans la Polynésie et la formation massive et compacte de
l'Afrique sont deux extrêmes qui agissent d'une manière opposée sur
la nature et sur les peuples, mais qui tous deux exercent une influence
funeste et ralentissent le progrès de leurs habitants. Sur la surface la
plus déchirée, les Malais du groupe de la Sonde sont plus qu'aucun
autre peuple divisés en tribus ennemies; dans la masse la plus compacte, les peuplades serrées des nègres sont uniformément barbares
dans leur uniforme pays. Ce sont là des formes telluriques relativement défavorables pour le dégrossissement de peuples encore sauvages.

Entre ces deux extrêmes se trouve l'Europe, non pour ralentir, mais
pour accélérer le mouvement. Par suite de sa surface moins étendue
et plus facile à embrasser du regard, par suite du développement de
ses côtes, de ses articulations, de son système insulaire, elle a rempli
toutes les perfections possibles à l'espace, et a pu réaliser plus tôt que
les autres sa destination planétaire. La plus pauvre en apparence de
toutes les contrées, l'Europe est devenue le laboratoire des produits de
tous les continents; c'est en elle que s'est concentrée l'activité organi-
satrice du genre humain; c'est elle qui est devenue la grande école du
monde : rôle glorieux que lui ont valu la plus grande réceptivité de
son sol et de son climat, et la plus grande énergie de ses habitants,
qui ont pu s'affranchir des forces hostiles de la nature et des nécessités
purement locales.

Puisque, d'après l'histoire, une destination aussi élevée a été assi-
gnée à la planète, il faut lui reconnaître en dehors de son organisme
physique un organisme en rapport avec ses fonctions, et qui soit spé-
cifiquement autre que celui de toutes ces existences terrestres aux-
quelles elle survit, et qui, se mouvant et s'agitant sur son sein, n'y
vivent que pour si peu de temps.

C'est justement dans la diversité des formes et des surfaces, c'est
dans ce chaos et dans cet apparent désordre, qui déroute tant d'idées
préconçues, qu'il faut étudier le mystère de la planète, son système,
son ordonnance et sa vie intime. C'est là qu'on trouve cette variété
infinie de forces et cette combinaison invisible d'effets merveilleux,
qui ont donné à la nature et à l'histoire leur influence créatrice, ana-

logue en un certain sens à cette activité physiologique attachée à l'organisme des plantes et des animaux. Dans l'étendue et la disposition des espaces terrestres et maritimes, dans les températures changeantes qui en sont la conséquence, dans la direction des vents, si fortuite en apparence, gisent les causes d'une influence et d'une pénétration réciproques, la raison de la densité des populations et de leur puissance. Dans la juxtaposition des masses qu'on a pu attribuer au hasard, nous reconnaissons la haute loi cosmique de l'ordonnance des mondes. Dans la simple séparation de l'ancien et du nouveau monde nous voyons le motif de relations multipliées, l'échange d'une multitude de richesses locales, une incitation au commerce, à l'industrie et à la civilisation ; dans la faible superficie de l'Europe, et dans l'harmonie si peu remarquée de ses formes, nous devinons les causes de sa prépondérance sur le monde, celles de sa grandeur et de sa liberté.

Nous n'exprimerons que des rapports purement matériels en disant que l'Europe n'égale en grandeur que le cinquième de l'Asie, et un peu plus du tiers de l'Afrique ; que l'Amérique se classe entre ces deux dernières ; et au-dessous de l'Europe, l'Australie, qui ne forme que le 1/15e des espaces continentaux, le 1/20e seulement, si l'on met également en ligne de compte les îles de Madagascar, de la Sonde, de la Polynésie et autres. Mais ce ne sont pas ces nombres abstraits, ces rapports absolus d'espace qui font loi dans l'histoire : il faut mettre aussi en balance la configuration propre à chaque partie du monde, et leurs relations mutuelles.

Dans cet ordre de faits, nous ferons remarquer, comme très-importantes, les différentes proportions que les continents affectent dans leur tronc, leur articulation et leur formation insulaire. Ainsi :

	Tronc.	Articulation.	Insulation.
Afrique,	1.	0.	1/50.
Asie,	1.	1/4.	1/32.
Europe,	1.	1/2.	1/40.

Le nouveau monde américain offre comme individu un tout autre épanouissement de formes. Il reproduit les contrastes de l'ancien monde selon une autre direction normale, du nord au sud et non pas de l'est à l'ouest. Nous avons déjà montré que le nord de l'Amérique l'emporte de beaucoup sur le nord de l'Asie sibérienne par ses riches articulations du pôle et du nord-est. L'organisation intérieure orographique et hydrographique, le rayonnement des systèmes fluviaux, l'écartement de sources rapprochées vers des pays opposés, l'absence de plateaux séparateurs, une double méditerranée au sud et au nord donnent au nouveau continent une grande analogie avec l'Europe. Ses côtes les plus richement dotées de ports et de formations insulaires sont tournées vers la mer Atlantique, c'est-à-dire vers l'Europe civilisée, et sont reliées entre elles par le mouvement de va-et-vient du Gulf Stream, le grand chemin du monde.

Par sa position maritime, l'Amérique du Nord devait être plusieurs fois découverte du côté de l'Europe plutôt que de celui de l'Asie, dont la proximité vers les pôles a toutefois pu permettre le passage des populations d'un côté à l'autre. Des ports favorables, des îles, la position des côtes en face de l'Atlantique, certaines conditions de température, prédisposaient la côte orientale de l'Amérique du Nord à recevoir la semence de la civilisation européennne, qui, sur son propre territoire, s'avançait déjà par une marche continue et irrésistible de l'est à l'ouest, grâce à son système de plaines si heureusement modelé et à la légère déclivité de tout le continent vers un centre commun.

Les systèmes de fleuves navigables, qui en Amérique traversent des pays doucement inclinés dans la direction des îles nombreuses et des riches articulations de la mer polaire, nous indiquent que cette contrée est, de préférence à l'Europe, appelée à civiliser le Nord de la terre. Déjà la civilisation monte aujourd'hui jusqu'au 70° degré à l'ouest du Groenland, et chaque année des flottilles de pêcheurs et de trafiquants croisent dans ces parages glacés; certainement les barrières que la nature nous y oppose céderont aux siècles et aux progrès de l'art. C'est ainsi que la Tasmanie et l'Australie méridionale, si longtemps restées terres inconnues, se sont trouvées, par leur grande richesse de ports et de baies, capables de vivifier en quelques dizaines d'années le vaste hémisphère du Sud; par suite de l'immigration d'Europe, il est vrai.

L'Asie septentrionale devait recevoir son principe de civilisation du plateau de l'Asie centrale, d'où découlent ses grands fleuves. Elle sera envahie à son tour par les progrès de sa voisine, l'Europe orientale; déjà d'abondantes mines transforment en médiatrice de peuples cette haute barrière de l'Oural, parallèle au méridien. Ici, c'est un système montagneux qui favorise les progrès de la culture intellectuelle; là, c'est au bassin de la Méditerranée que les peuples du Midi ont dû leur développement; actions temporaires et matérielles, qui dans les derniers temps ont appelé une réaction.

A l'Asie appartiennent les articulations les plus riches de tóutes, celles du Sud et de l'Est; aussi les Indes sont-elles, pendant des milliers d'années, restées un cercle vivant d'attraction.

La forme si heureuse des presqu'îles civilisées de l'Asie méridionale, les deux Indes et l'Arabie, se répète sur une plus petite échelle au sud de l'Europe dans les trois formations péninsulaires de l'Italie, de la Grèce et de l'Espagne. Seulement ces presqu'îles ne sont plus dans la proximité tropicale de l'équateur, mais à 20 degrés de latitude plus au nord dans la zone tempérée, où elles contribuent à former des pays, des peuples et des idées d'un tout autre caractère.

Ces deux groupes péninsulaires, composés chacun de trois presqu'îles douées de qualités physiques et spirituelles particulières, mais analogues, font la richesse du midi de l'Europe et de l'Asie; c'est grâce à elles que l'Asie, dans la zone torride, et l'Europe, dans la zone tempérée, sont devenues la patrie de la civilisation. De même la Tasmanie et l'Amérique du Nord ont accompli dans la suite des temps sur la zone arctique et la zone antarctique une œuvre encore voilée, mais dont nous voyons déjà poindre les germes d'avenir.

Dès aujourd'hui nous pouvons prévoir la prépondérance future du double continent de l'Amérique, jeune encore, mais vraiment gigantesque dans son épanouissement longitudinal; déjà nous pouvons conclure la suprématie de la partie méridionale de l'Amérique du Nord sur les presqu'îles de l'Europe et de l'Asie, victoire que rendra bien éclatante le futur équilibre entre le continent américain du Nord et celui du Midi.

En effet, les péninsules de l'Asie s'avancent, en partie du moins, dans l'océan Indien, vide d'îles et d'habitants; celles de l'Europe ont vis-à-vis d'elles la Lybie, la Mauritanie, contrées d'un abord inhospitalier et d'une conquête difficile. Tout au contraire, la Caroline, la Géorgie, la Floride, la Louisiane, le Texas, le Mexique et la Californie s'étendent vers des rives opposées tout aussi bénies qu'elles par la nature, vers tout un continent tropical et sous-tropical; et comme l'Asie voyait l'Europe sa cadette grandir et se développer de jour en jour, ainsi l'Amérique du Nord voit se lever au midi un monde nouveau tout rayonnant d'avenir. Désormais, le groupe des Antilles sera le point central où s'uniront les deux Amériques, bien plus intimement qu'elles ne l'ont fait jusqu'ici.

L'Amérique n'a pas le privilége qu'a possédé l'ancien monde, de développer de l'orient à l'occident les phases toujours nouvelles de son progrès historique à travers des pays et des températures analogues; mais en revanche elle a obtenu la possibilité d'un développement beaucoup plus rapide dans la direction secondaire du globe, qui va du nord au sud. L'harmonisation des contrastes climatiques de pôle à pôle et de la zone tempérée à la zone torride, telle est la tâche difficile qu'accomplira dans les siècles futurs ce grand nouveau monde, qui a déjà appris de l'ancien l'art de vaincre la nature qu'avaient enseigné à celui-ci les siècles passés ; la richesse que procurent un heureux climat et une configuration avantageuse ne pouvant, bien entendu, se transporter que par le cours des temps à des pays plus pauvres ou encore en friche.

Nous voyons comment ce progrès s'effectue par le contraste qu'offrent ensemble l'histoire ancienne et l'histoire moderne ; nous le voyons avec évidence dans la vie nouvelle que la navigation développe sur les côtes des continents et dans les groupes océaniques. Du reste, la haute perfectibilité du globe, qui met en œuvre tous les éléments de développement qu'il reçoit, nous convainc que l'industrie saura, d'une manière aussi grandiose que par le passé, transformer la nature pour les nouvelles phases d'une humanité toujours nouvelle.

CARL RITTER.

www.ingramcontent.com/pod-product-compliance
Ingram Content Group UK Ltd.
Pitfield, Milton Keynes, MK11 3LW, UK
UKHW021636130726
13696UKWH00005B/2226